Père Philippe Rouillard
Moine bénédictin

Les Bénédictins

Sauf mention contraire, les photographies sont des éditions Gisserot

Saint-Michel de Cuixà (Pyrénées-Orientales).

Éditions Jean-Paul Gisserot
www.editions-gisserot.eu

Les origines : Benoît et sa Règle

Les Bénédictins ont bien de la chance : il sont fils et disciples de saint Benoît, dont le nom latin *Benedictus* vient de *bene*, bien, et *dicere*, dire. À en croire l'étymologie, ils sont donc des hommes qui disent du bien, ou qui parlent bien, et en même temps ils sont bénis de Dieu, ils vivent dans la bénédiction et peut-être ont-ils un don pour transmettre aux autres la bénédiction de Dieu. Ils passent une bonne partie de leur temps à louer et bénir Dieu au nom de tous les hommes.

Benoît, homme de Dieu

Qui est ce Benoît, qui a donné aux Bénédictins son nom et sa Règle ? Tout ce que nous savons de lui se trouve dans le chapitre II des *Dialogues* écrits vers 593 par le pape Grégoire le Grand (590-604) qui lui-même a mené la vie monastique à Rome et rédige cette biographie de

Asciano (Italie) - Abbaye de Monte Oliveto Maggiore - Pour résister à une tentation Benoît retire ses vêtements et se roule dans les ronces.

Cassino (Italie) - Abbaye du Mont-Cassin. © Jacques Côté OSB.

« l'homme de Dieu » Benoît pour réconforter les fidèles durement éprouvés par les ravages que provoque la conquête de l'Italie par les Lombards ; il relate donc de nombreux miracles attribués à Benoît pour convaincre les chrétiens que Dieu ne les a pas abandonnés.

Benoît naît vers 480 dans une petite ville située à 100 km au nord de Rome : Nursie (Norcia), où en 2000 a été ouvert un monastère peuplé aujourd'hui d'une douzaine de jeunes moines américains. Son père l'envoie à Rome pour faire ses études, mais il quitte bientôt ce milieu peu édifiant pour « plaire à Dieu seul », et il va vivre en ermite dans la solitude de Subiaco, dans une grotte appelée aujourd'hui *Sacro Speco*. Des disciples se présentent, et pour eux il aurait fondé douze petits monastères. L'hostilité d'un prêtre l'amène à quitter les lieux, et avec ses disciples il s'établit dans le site prestigieux du Mont-Cassin, à mi-chemin entre Rome et Naples. Il meurt vers 560.

La Règle de Benoît

C'est au Mont-Cassin, et déjà fort d'une longue expérience, que vers 530 Benoît rédige sa *Règle*, qui traversera les siècles. Cette Règle est avant tout une invitation à sortir de la somnolence, à ouvrir les yeux à la lumière de Dieu et les oreilles à sa parole. De son séjour à Rome, Benoît a gardé l'idéal romain d'hommes vigoureux, entreprenants, toujours prêts au travail, et cependant pleins de compassion pour les plus faibles. Quelques traits marquent cette Règle. En premier lieu, le souci de l'ordre : que chacun soit à sa place, fasse ce qui lui est commandé, et ne s'ingère pas dans les affaires d'autrui. Ensuite, un empressement courageux : dès que sonne le réveil, le moine surgit : il ne va pas à l'office, il y court ; lorsqu'on lui commande quelque chose, « il n'y a pas d'intervalle entre l'ordre donné et l'exécution »* ; et, plus largement, il veille à ne pas perdre un instant de la vie présente pour courir vers la vie éternelle. C'est certainement à regret que Benoît consacre un chapitre à ceux qui arrivent en retard aux offices ou aux repas.

Asciano (Italie) - Abbaye de Monte Oliveto Maggiore, Benoit fait un miracle pour réparer un crible (tamis) brisé.

Comment se déroule la journée du moine au temps de Benoît ?

Elle est rythmée par trois éléments, d'inégale importance : ***la prière***, ***l'étude*** et ***le travail manuel***.

- Les moines se retrouvent à l'oratoire sept fois par jour, pour les laudes, prime, tierce, sexte, none, les vêpres et les complies ; à quoi s'ajoute l'office nocturne des vigiles, commencé vers 2 h. du matin en été, une heure plus tard en hiver ; cet office des vigiles est le plus ample de tous : il comporte normalement six psaumes, que les moines savent par cœur, trois lectures tirées de la Bible ou des Pères de l'Église, à nouveau six psaumes, et s'achève par quelques prières. Les autres offices comportent aussi des psaumes et des lectures brèves. À toute cette prière quotidienne, Benoît donne le nom d'œuvre de Dieu (*Opus Dei*), et l'on peut se demander s'il faut la comprendre et la vivre comme une tâche que les moines accomplissent pour Dieu, ou comme une œuvre – un chef d'œuvre – que le Dieu maître du monde poursuit à travers l'action d'hommes que Benoît lui-même appelle des ouvriers : « Dieu cherche ses ouvriers dans la foule du peuple ». De fait, les moines considéreront souvent cette ample célébration liturgique comme leur activité principale, une tâche qu'ils accomplissent pour la gloire de Dieu, pour l'équilibre du monde et pour le bien de tous les hommes.

Saint-Benoît-sur-Loire (Loiret) -
Le chœur des moines.

Ces offices occupent de quatre à cinq heures en semaine, un peu plus le dimanche et les jours de fête ; la messe n'est célébrée que le dimanche.

- En semaine, deux heures environ seront consacrées à la lecture et à l'étude, tandis que le dimanche c'est

* Tous les textes entre guillemets sont tirés de la Règle de saint Benoît.

L'évangéliste Marc - Évangéliaire de l'abbaye de Landévennec (Finistère).

Le Mont-Saint-Michel (Manche) -
Le scriptorium.

tout le temps laissé libre par la liturgie qui sera donné à ce que Benoît appelle la *lectio divina*, c'est-à-dire à la lecture et la méditation de la Bible, et aussi des nombreux commentaires de la Bible écrits par les Pères de l'Église : le monastère possède une bibliothèque, mais elle n'est pas très fournie puisque à cette époque il n'existe pas de livres imprimés, mais seulement des manuscrits, dont on prend grand soin.

Psautier de Gellone,

Cluny (Saône-et-Loire) - Le cellier (XIIIe siècle) où l'on entreposait le vin et les provisions.

Troisième occupation de ces premiers Bénédictins : le travail. La devise souvent appliquée aux moines : *Ora et labora* (prie et travaille) ne figure pas dans la Règle, mais elle correspond à la réalité. Benoît ne veut pas de moines fainéants : son chapitre sur le travail commence par l'affirmation que « l'oisiveté est ennemie de l'âme ». Le travail manuel consiste d'abord à assurer la vie quotidienne : avec un peu de surprise, on voit que tous les frères font la cuisine à tour de rôle. La plupart travaillent au jardin ou dans les champs, et s'ils sont trop loin pour revenir à l'heure des offices, ils s'en acquittent sur place ; ils pourront être obligés de faire eux-mêmes les récoltes, mais cela semble une exception, qui fait envisager le recours à des salariés. Certains frères ont des talents d'artistes, et tout un chapitre leur est consacré : ils doivent se garder de toute vanité et de toute malversation. Bien des charges sont prévues : un prieur qui seconde l'abbé ; un ancien qui assure la formation des novices ; un infirmier qui servira les malades comme s'ils étaient le Christ en personne ; un hôtelier qui lui aussi accueillera les hôtes, surtout les plus pauvres, avec la conviction qu'il accueille le Christ en personne ; l'hôtelier aura un adjoint, qui veillera à ce qu'il y ait des lits préparés en nombre suffisant. « Ainsi la maison de Dieu sera administrée sagement par des gens sages ».

Une mention spéciale doit être faite du cellérier ou économe, qui aura soin de tous et de tout : « qu'il soit comme un père pour toute la communauté ». Ce doit être un homme de jugement, attentif aux besoins des frères, bienveillant, mais capable de refuser avec humilité une demande excessive. Il joue un rôle essentiel dans la marche de la maison, aujourd'hui comme au temps de Benoît. D'autres moines auront la responsabilité d'un domaine déterminé : outils, vêtements, bibliothèque. De tous ces biens, l'Abbé gardera un inventaire, et ainsi tout sera en ordre, cet ordre cher à Benoît le romain.

Les repas

Le moine qui prie, étudie et travaille de ses mains doit aussi se nourrir. Tout un chapitre est consacré à l'horaire des repas, qui varie selon les saisons, et aussi les temps de l'année liturgique, et qui à première vue paraît assez austère. De petit déjeuner, il n'est pas question. Pendant la belle saison, qui en Italie centrale va de Pâques à la mi-septembre, et couvre donc environ la moitié de l'année, il y a deux repas par jour : déjeuner à midi, et dîner le soir, avant le coucher du soleil. De la mi-septembre au début du Carême, c'est-à-dire en automne et en hiver, il y a un seul repas par jour, vers 15 heures : nous sommes surpris et peut-être effrayés, mais c'est à peu près l'horaire du paysan italien de l'époque, qui ne revient chez lui, pour le repas et la sieste, qu'en début d'après-midi, après un long temps de travail aux champs.

Asciano (Italie) - Abbaye de Monte Oliveto Maggiore, Benoît et ses frères à table.

Pendant le Carême, temps pénitentiel, l'unique repas a lieu après les vêpres, qui sont célébrées « de façon qu'on n'ait pas besoin de la lumière d'une lampe pour le repas ». Tout au long de l'année, les repas se prennent à la lueur du jour.

Les moines doivent s'habituer à des repas tardifs ; en revanche, ils ne meurent pas de faim. Ne craignant pas d'entrer dans les détails, Benoît indique que chaque repas comportera deux plats chauds, et autant que possible des légumes frais ou des fruits ; le pain sera donné en abondance, et on servira aussi du vin, en veillant quand même à ne pas tomber dans l'excès. Est-ce avec condescendance ou avec un peu d'humour que Benoît écrit : « Nous lisons, il est vrai, que le vin ne convient nullement aux moines ; mais, comme on ne peut en persuader les moines de notre temps, accordons-nous du moins de ne pas boire jusqu'à satiété » ?

À l'école de Benoît

La communauté pour laquelle cette Règle a été écrite, non pas d'un seul jet, mais par étapes, en s'inspirant de documents préexistants et en tirant profit de l'expérience, est assez bigarrée : on y trouve des hommes cultivés, mais aussi – ce qui n'a rien d'étonnant pour l'époque – des illettrés, qui ne savent ni lire ni écrire, mais qui savent les psaumes par cœur et sont habiles de leurs mains ; des adolescents, mais aussi des moines âgés, pour qui on avancera les heures des repas ; des prêtres, qui demandent à entrer dans la communauté, et que l'on n'admet pas trop vite. Cependant, le candidat normal est un homme assez jeune, déterminé, en bonne santé ; il ne se laisse pas décourager par un accueil réservé qui veut éprouver sa volonté. Une fois admis, il est confié à un moine expérimenté qui doit discerner « si vraiment il cherche Dieu ». Après un an de noviciat, il demande son admission, il fait profession et dès lors il est membre à part entière de la communauté : « jusqu'à la mort, il persévérera dans le monastère, participant par la patience aux passions du Christ, pour mériter d'avoir part à son royaume ».

Intérieur de la cellule d'un bénédictin. Lithographie du XIXe s. © coll. part.

La vie de cette communauté est assez rude. Les moines ne sont pas des anges, et il y a souvent lieu de sévir. Avec surprise, on constate que pas moins de dix chapitres de la Règle sont consacrés à la répression des fautes, avec tout un système pour ramener les frères « récalcitrants ou désobéissants ou orgueilleux » sur le bon chemin, par quelques avertissements en privé ou en public. Il faut assez souvent recourir à l'excommunication, qui place le moine fautif et rebelle en dehors de la vie communautaire : pour des fautes légères, le moine est privé de la table commune, c'est-à-dire qu'il prend son repas tout seul, après les autres, et bien sûr sans vin ; pour les fautes plus graves, le frère est privé à la fois de la table commune et de la participation à la prière communautaire : pendant les offices, il reste à la porte de l'oratoire, et personne ne lui adresse la parole.

Conques (Aveyron) - Détail du tympan de l'abbatiale - Le Jugement dernier.

Mozac (Puy-de-Dôme) - La châsse de saint Calmin : le Christ en croix.

Si le fautif ne s'amende pas, on pourra tout simplement le renvoyer, pour éviter « que la brebis malade ne contamine tout le troupeau ».

Ce code pénal s'accompagne cependant de ce qu'on appellera plus tard une charte de charité. L'abbé et les moines ne cesseront de prier pour la brebis égarée, l'abbé se comportera bien plus comme un médecin attentif que comme un juge, il enverra au malade des frères bienveillants et expérimentés qui s'efforceront de le raisonner, et même celui qui a été renvoyé ou a quitté le monastère pourra y être réintégré jusqu'à trois fois.

Aussi bien, pour comprendre cette législation, nous devons nous souvenir qu'à cette époque le sacrement de pénitence et de réconciliation tel que nous le connaissons n'existe pas. Il ne sera mis en place, progressivement, que deux siècles plus tard. Le frère qui a commis un péché secret s'en ouvre à l'abbé ou à un père spirituel, qui ne sont pas prêtres, et donc ne vont pas lui donner une absolution, mais prient avec lui et sont capables de le guérir. Le seul élément que l'on peut qualifier de sacramentel est le chant ou la récitation du Notre Père, qui se fait à la fin de chaque office : « Les frères, engagés par la promesse qu'ils font en cette oraison : "Pardonne-nous comme nous pardonnons", sont purifiés de leurs fautes ».

Conques (Aveyron) - Un ange dans l'abbatiale.

Ce recours à l'excommunication, comme l'absence d'un sacrement dit de confession qui par la suite prendra une importance majeure, est une première indication fort utile sur la différence entre la spiritualité d'un moine du VIe siècle et celle d'un moine de notre temps. Notons également que le disciple de Benoît ne connaît que l'eucharistie du dimanche, et non la messe quotidienne et moins encore les dévotions eucharistiques qui se développeront par la suite. La liturgie qu'il célèbre et dont il vit est l'office divin, avec ses psaumes et ses lectures, bibliques ou patristiques. La Vierge Marie n'est pas mentionnée dans la Règle, et aucune fête mariale, pas même celle du 15 août, ne figure dans le calendrier romain de l'époque. En revanche, des apôtres et des martyrs y ont leur place, et Benoît en arrivant au Mont-Cassin a élevé un oratoire à saint Martin. Les anges enfin sont mentionnés cinq fois dans la Règle : les moines psalmodient sous le regard des anges. Ces quelques indications nous aident à nous faire une idée de la spiritualité sobre de Benoît, qui s'émerveille de la beauté de Dieu et de l'amour du Christ.

Ottmarsheim (Haut-Rhin) - Saint Pierre reçoit la tiare pontificale entouré d'anges.

Ganagobie (Alpes-de-Haute-Provence) - Le tympan de l'abbatiale.

BENOÎT, CHEF D'ENTREPRISE ET PATRON DE L'EUROPE

« Nous voulons établir une école du service du Seigneur ». Tel est le projet de Benoît créant un monastère. Il met l'accent à la fois sur la stabilité et sur la conversion, qui d'une façon ou d'une autre, est un mouvement. Stabilité ne signifie pas immobilité, mais plutôt constance dans cette marche, dans cette course qu'affectionne et pratique Benoît. Quant à la conversion, qui au sens propre est un changement d'orientation, immédiat ou étendu dans la durée, elle implique une disponibilité au renouvellement, à l'innovation.

Ces principes ont, depuis quelques décennies, retenu l'attention et nourri la réflexion d'hommes d'affaires, français ou allemands. En 2000, un moine bénédictin de Ganagobie a répondu à la demande de patrons chrétiens en créant l'Institut « Sens et croissance », lieu de recherche et d'accompagnement

Cassino (Italie) - Abbaye du Mont-Cassin. © Jacques Côté OSB.

pour des dirigeants d'entreprise qui cherchent à concilier dans les domaines dont ils ont la responsabilité les valeurs d'éthique et de performance. Comme Benoît dans son « école », ils s'efforcent de mettre la personne au service de la communauté ou du bien commun, et la communauté au service de la personne, afin, comme le dit encore Benoît, que malgré les contraintes d'une vie ou d'un travail en commun « nul ne soit troublé ou contristé dans la maison de Dieu ».

Si Benoît peut aujourd'hui conseiller des chefs d'entreprise, il peut aussi assumer une responsabilité plus vaste. En 1964, après avoir

consacré l'église du Mont-Cassin reconstruite après les bombardements qui l'avaient détruite en 1944, le pape Paul VI proposait et proclamait saint Benoît comme patron de l'Europe. Au lendemain de la seconde guerre mondiale, des hommes clairvoyants et courageux, surtout français et allemands, avaient entrepris de réconcilier les pays qui s'étaient combattus et de construire, pour la première fois dans l'histoire, une Europe qui, tout en maintenant la riche diversité de ses cultures et de ses traditions, chercherait à aller de l'avant dans un sentiment de paix et de fraternité.

À juste titre, le pape Paul VI, qui avait toujours apprécié la sagesse de la Règle et l'œuvre des fils de Benoît au long des siècles, estima qu'il convenait de donner un patron à cette jeune Europe, et que Benoît était le mieux placé pour tenir ce rôle. De fait, le travail des moines dans les divers pays d'Occident et au dessus des frontières avait déjà constitué depuis longtemps une Europe bénédictine. Avec des modalités variées et justifiées, les monastères et les congrégations, nationales ou internationales, avaient répandu dans tous les pays d'Europe des valeurs d'humanité et de spiritualité qui en faisaient une vraie communauté. Les Bénédictins ne peuvent que se réjouir de cette reconnaissance, qui en même temps les incite à poursuivre, dans un esprit de continuité et d'ouverture, leur œuvre au service de la communauté européenne.

Diffusion de la Règle de saint Benoît

De façon paradoxale, c'est pour une bonne part aux invasions barbares que l'on doit la diffusion du monachisme bénédictin en Europe. Vers 580, soit vingt ans après la mort de Benoît, les Lombards pillent et détruisent le Mont-Cassin. Les moines se réfugient à Rome, où les papes leur confient le service liturgique des grandes basiliques : ils ont des monastères à Saint-Jean de Latran, à Sainte-Marie Majeure, à Saint-Pierre au Vatican, et aussi à Saint-Paul hors les murs, où ils se trouvent encore aujourd'hui. Les pèlerins qui viennent à Rome admirent cette liturgie et ceux qui la célèbrent, et rapportent chez eux le modèle bénédictin et la Règle bénédictine.

Rome (Italie) - Basilique Saint-Pierre. © F. Guyomarc'h.

Le Mont-Saint-Michel (Manche).

À vrai dire, de nombreuses règles monastiques circulent alors en Occident, et les monastères les suivent ou s'en inspirent librement. Vers le milieu du VIIe siècle, la Règle de Benoît est adoptée de façon préférentielle par des communautés de clercs desservant des basiliques élevées sur des tombeaux de saints : c'est le cas à Saint-Germain-des-Prés, où les moines demeureront jusqu'en 1789, à Saint-Denis aux portes de Paris, à Saint-Germain d'Auxerre, à Saint-Médard de Soissons, à Saint-Martin de Tours, mais aussi à Fleury, ancien sanctuaire druide, qui deviendra Saint-Benoît-sur-Loire, ou à Lérins, très ancienne abbaye, pépinière d'évêques, qui par la suite devra construire une tour fortifiée pour se protéger des Sarrasins, et aujourd'hui est occupée par des Cisterciens… et visitée par de nombreux touristes. À la même époque, de nouvelles abbayes sont construites : Fontenelle en Normandie, qui prendra le nom de Saint-Wandrille, et Jumièges aujourd'hui en ruines. Un peu plus tard, en 870, on fait appel aux Bénédictins pour gérer le sanctuaire de Vézelay, où ils demeurent jusqu'en 1518, laissant alors la place aux Franciscains. En 966, ils s'établissent au Mont-Saint-Michel, y construisent un monastère extraordinaire, et y restent jusqu'en 1791 ; la vie monastique y a refleuri récemment, grâce aux Fraternités monastiques de Jérusalem.

Il faut mentionner aussi l'entreprise du moine Benoît d'Aniane, né vers 750, qui a étudié pas moins de vingt-sept règles alors utilisées dans les monastères, a donné la préférence à la Règle bénédictine et a réussi à la faire adopter comme Règle unique par de nombreux monastères de Gaule, d'Allemagne et d'Italie. Ainsi s'impose en Occident le monachisme bénédictin. Il s'établit à la fois dans le monde urbain et dans le monde rural.

De grandes abbayes se trouvent dans les villes ou à la porte des villes ; leurs noms sont significatifs de cette présence qui se veut extra-citadine : à Paris, Saint-Germain-des-Prés ou Saint-Martin- des-Champs ; à Rome, Saint-Paul-hors-les-murs. Mais d'autres maisons sont fondées en pleine campagne ou en pleine forêt, avec le fait que rapidement le terrain est défriché, et une agglomération qui peut devenir une véritable cité se construit à proximité : Vézelay donne naissance à un bourg de 500 habitants, et Cluny à une ville qui

Paris - Abbaye Saint-Germain-des-Prés vers 1520. © coll. part.

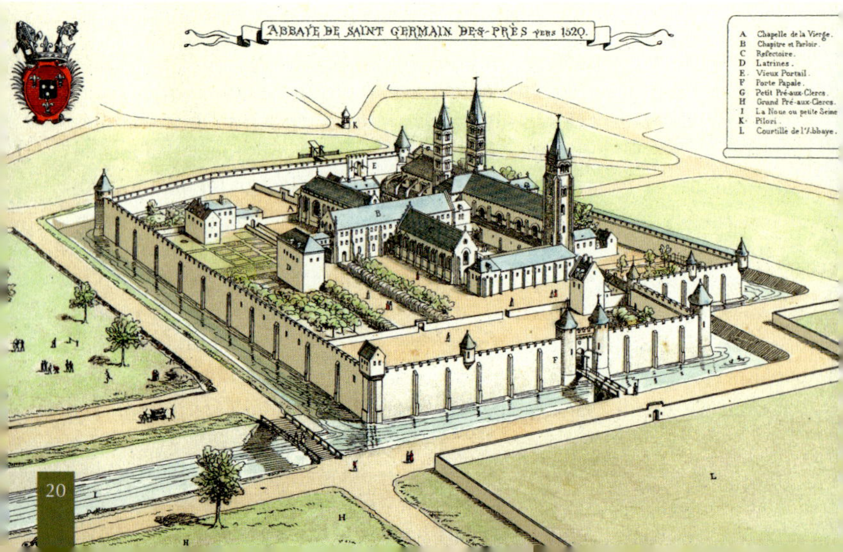

Cluny (Saône-et-Loire) - L'église paroissiale Notre-Dame, la tour du fromage (ancienne tour des fèves) et le clocher de l'eau bénite.

aujourd'hui en compte 5 000. Et d'innombrables petits prieurés, peuplés d'une dizaine de moines, parsèment la campagne, jouant un rôle important aussi bien dans l'évangélisation que dans le développement économique et social du monde rural.

L'EMPIRE DE CLUNY

Un nouveau pas vers l'unification a lieu en 910 avec la création de Cluny, près de Mâcon, dont on a célébré en 2010-2011 le onzième centenaire. Fondée avec seulement douze moines, l'abbaye prend rapidement une importance considérable : en moins de deux siècles, elle commande un réseau de mille prieurés disséminés dans toute l'Europe occidentale. Elle a la chance d'être gouvernée, de 927 à 1157, par des abbés vigoureux : Odon, Mayeul, Odilon, Hugues, Pierre le Vénérable, dont plusieurs restent en charge pendant près de cinquante ans.

Mais une modification profonde se produit : la journée des moines est envahie par la liturgie. D'une part, l'office des heures est surchargé par l'introduction d'offices votifs ou de dévotion : offices de la sainte Vierge, des défunts, de tous les saints : on dit chaque jour près de 150 psaumes, alors que Benoît les faisait dire en une semaine. D'autre part et surtout, les messes se multiplient à l'infini ; chaque jour, on célèbre deux messes : une messe dite matutinale, et plus tard dans la matinée une messe solennelle, avec diacre et sous-diacre et encensement. À ces messes communautaires s'ajoutent les messes privées, dites pour des défunts ; aux environs de l'an mil, se répand en effet la coutume de faire célébrer de très nombreuses messes pour les défunts ; on craint l'enfer, et l'on a confiance que le sacrifice du Christ renouvelé à la messe est le meilleur moyen d'assurer le salut éternel. C'est aux monastères que l'on s'adresse pour faire célébrer ces messes, et cette demande amène à ordonner prêtres un grand nombre de moines qui n'auront d'autre activité sacerdotale que de célébrer ces messes.

Les moines de Cluny estiment que cette ample liturgie est la véritable fonction de leur abbaye, le ministère indispensable qu'elle exerce dans l'Église et la société. Si cette activité de louange de Dieu et d'intercession pour les hommes, vivants et défunts, n'était pas remplie par ces ouvriers spécialisés qui accomplissent l'œuvre de Dieu, il y aurait un déséquilibre et un péril pour le monde, pour la bonne marche du monde créé par Dieu, sauvé par le Christ, protégé par la Vierge Marie et tous les saints. Par leur liturgie célébrée dans une église que l'on construit et reconstruit trois fois (au XIIe siècle elle sera plus grande que Saint-Pierre de Rome), les moines assurent la communication entre le ciel et la terre : sans leur prière quotidienne, de nuit et de jour, la lumière s'éteindrait.

Cependant, l'amplification de la liturgie, qui occupe une bonne partie de la journée ou tout au moins de la matinée, et le fait que beaucoup de moines ayant fait des études deviennent prêtres, vont modifier la structure de la communauté monastique. À côté des moines de chœur, qui savent le latin et qui souvent exercent l'indispensable travail de copistes, naît et se développe la classe des frères convers, qui ne comprennent pas le latin, ne peuvent pas passer des

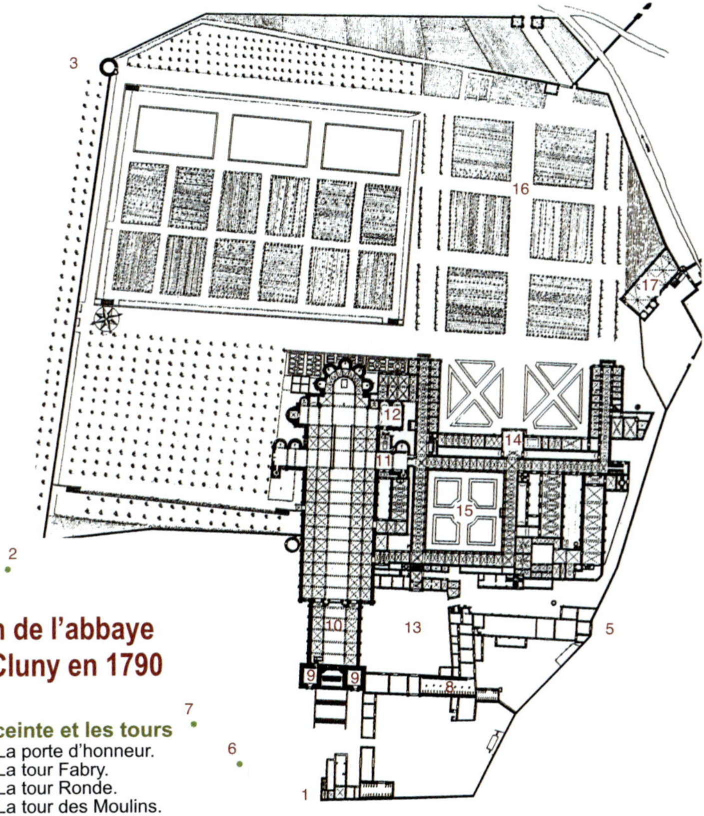

Plan de l'abbaye de Cluny en 1790

L'enceinte et les tours

1 : La porte d'honneur.
2 : La tour Fabry.
3 : La tour Ronde.
4 : La tour des Moulins.
5 : La tour des Fromages.

Les bâtiments hors-clôture

6 : Le palais de Jean de Bourbon.
7 : Le palais de Jacques d'Amboise.
8 : Les écuries de saint Hugues

L'église abbatiale

9 : Les Barabans.
10 : Avant-nef.
11 : Bras sud du grand transept.
12 : Chapelle de Jean de Bourbon.

Les bâtiments dans la clôture

13 : Façade du pape Gélase.
14 : Bâtiments du XVIIIe s.
15 : Cloître.
16 : Jardins.
17 : Farinier.

Cluny (Saône-et-Loire) - Les bâtiments conventuels de l'abbaye ont été reconstruits au XVIIIe siècle dans le cadre d'un projet ambitieux de restructuration de l'abbaye.

heures à l'église et sont à leur aise dans les travaux des champs ou autres travaux manuels. De façon variable selon les communautés, se marque de plus en plus la différence entre ces deux catégories de moines, nécessaires l'une et l'autre à la vocation d'un monastère. Sur ces deux points, notre temps réagira. Beaucoup de jeunes aujourd'hui ont une vocation monastique, mais non une vocation sacerdotale. Ils ne souhaitent pas devenir prêtres, et de fait ne sont pas ordonnés. D'autre part, la distinction entre moines de chœur et frères convers ne semble pas justifiée, et beaucoup de communautés ont abandonné cette discrimination.

Il faut signaler le rôle bienfaisant exercé par Cluny dans le monde des campagnes. Sur les terres données aux moines, s'élevèrent de petits prieurés pourvus d'un modeste sanctuaire. Ces foyers de vie chrétienne contribuèrent fortement à l'évangélisation du monde rural. Beaucoup d'églises romanes que l'on rencontre en France, et

notamment en Bourgogne et en Auvergne, ont une origine clunisienne.

Cluny reste une énigme : en deux siècles, cette abbaye qui a commencé avec douze moines est devenue un Ordre comptant plus de mille maisons dans toute l'Europe, un Empire, presque une Église dans l'Église, avec des abbé aussi puissants que les papes. Mais dès le XIIIe siècle elle connaît des temps difficiles, pour des raisons économiques et politiques, en raison surtout de son expansion trop grande et trop rapide. On cherche un nouveau souffle.

Les branches d'un grand arbre : Camaldules, Cisterciens, Olivétains

Sans relation avec Cluny, se développe au XIe siècle dans la mouvance bénédictine un type de vie érémitique que Benoît avait explicitement envisagé dans sa Règle, mais qui – on le comprend – n'avait trouvé que des réalisations individuelles. L'initiateur est Romuald de Ravenne, né vers 950, qui entre d'abord dans un monastère classique, puis le quitte pour vivre en solitaire en divers lieux, notamment près de l'abbaye Saint-Michel de

Cuixà dans les Pyrénées. Revenu en Italie, il crée des ermitages, dans l'île de Pereo près de Ravenne, puis dans les solitudes des Apennins, à Camaldoli, Fonte Avellana, Val di Castro, où il meurt en 1027 : dans ces ermitages, on suit la Règle de Benoît, tout en s'inspirant de la tradition des moines grecs et des Pères du Désert. Aujourd'hui, la Congrégation de Camaldoli, rattachée à l'Ordre bénédictin, compte une centaine de moines, appelés camaldules, dans de petites communautés situées presque toutes en Italie. À Camaldoli même, se trouvent un ermitage avec une dizaine d'ermites, et une communauté rayonnante et accueillante d'une vingtaine de moines.

En revanche, c'est bien en relation avec Cluny, et en réaction contre la puissance de Cluny, que va naître et croître rapidement une autre branche de l'arbre bénédictin. Vers 1028, soit un peu plus de cent ans après la fondation de Cluny, naît un certain Robert de Tonnerre, plus connu sous le nom de Robert de Molesmes, qui après divers essais fonde en 1098 (donc à 70 ans) le monastère de Cîteaux près de Dijon. Il est aidé par le duc Eudes de Bourgogne, qui lui donne entre autres la fameuse vigne de Meursault, dont le vin est toujours apprécié. Nés à Cîteaux, ces moines qui continuent à suivre la Règle de Benoît et bientôt accueilleront le futur saint Bernard recevront le nom de *Cisterciens*.

Il faut signaler aussi la congrégation des moines *Olivétains*. C'est en 1319 que Bernard Tolomei (canonisé en 2009) fonde près de Sienne, au milieu des oliviers, le monastère du Mont-Olivet : on y suit la Règle de Benoît, mais les moines portent un habit blanc et, dans les premiers temps, la charge abbatiale est annuelle : il suffit de quelques années pour se rendre compte que cette disposition est source de désordre, et donc elle est abandonnée. En 1400, la congrégation compte déjà une trentaine de maisons, et en 1425 s'y adjoint une branche féminine, toujours vivante sous le nom d'Oblates de sainte Françoise Romaine. Vers 1850, des Olivétains expulsés d'Italie viendront chercher refuge en France, et y fonderont plusieurs monastères : l'un d'eux, situé au Mesnil-Saint-Loup dans l'Aube, aura la chance, en 1948, de faire revivre la prestigieuse abbaye du Bec. Un autre sera créé à Maylis, dans les Landes.

Saint-Michel de Cuixà (Pyrénées-Orientales) - La nef de l'abbatiale.

Les Mauristes,
au sommet de la science

Il est normal et heureux qu'une institution qui traverse les siècles ne demeure pas immuable, mais connaisse des changements, des innovations, des renouvellements. L'affaiblissement de Cluny laisse le champ libre à d'autres entreprises. Pour remédier à un possible éparpillement, le concile de Trente (1545-1563) avait invité les monastères à se réunir en congrégations, avec des observances communes. En Lorraine, qui ne fait pas encore partie du royaume de France, se constitue en 1604 autour de l'abbaye Saint-Vanne de Verdun un groupement de monastères qui comptent des savants illustres et prolifiques, auteurs de nombreux livres sur la Bible ou sur l'histoire de la Lorraine, mais aussi le fameux Dom Pérignon, inventeur du champagne.

En s'inspirant de l'exemple de Saint-Vanne et de son orientation intellectuelle, une nouvelle congrégation naît dans le royaume de France, qui est soutenue par Richelieu et approuvée par le pape

José Frappa (1854-1904) - **Dom Pérignon**. © coll. part.

Saint-Benoît-sur-Loire (Loiret) - Le chevet de l'abbatiale.

en 1621. Elle est appelée Congrégation de Saint-Maur, du nom d'un disciple de saint Benoît dont on croyait alors qu'il avait apporté la Règle en Gaule, et fixe son siège à Paris, à l'abbaye Saint-Germain-des-Prés. Sa vitalité, sa volonté de réforme, la qualité de ses travaux scientifiques, lui valent une expansion rapide ; elle compte bientôt 180 monastères, répartis en six provinces. Des abbayes prestigieuses, comme Saint-Denis, Saint-Benoît-sur-Loire, Jumièges, Marmoutier, y adhèrent. Un effort remarquable est fait pour la formation des jeunes moines : ceux qui sont destinés au sacerdoce suivent pendant cinq ans des cours de philosophie et de théologie, et les plus doués poursuivent leurs études à l'Université de Paris. Leurs travaux portent sur la Bible, les Pères de l'Église, dont ils éditent les œuvres, mais surtout l'histoire : histoire ecclésiastique, monastique ou littéraire. Les *Mauristes*, puisque c'est sous ce nom qu'ils passent à la postérité, accomplissent une œuvre qui ne sera jamais égalée. Citons au moins le nom de Mabillon, moine de Saint-Germain-des-Prés, considéré comme l'homme le plus érudit de son temps.

L'ESSOUFFLEMENT D'UN GRAND CORPS

Les Bénédictins cultivaient l'histoire. Ils avaient acquis et diffusé une remarquable connaissance du passé. Leurs contacts avec toutes les classes de la société leur donnaient une juste idée du présent. Pouvaient-ils pour autant prévoir l'avenir, et s'attendre à ce qu'en quelques décennies ce grand édifice s'écroule ?

Au XVIIIe siècle, quelque 400 monastères bénédictins existent en France, mais leur statut a bien changé. La richesse de beaucoup d'entre eux a attiré les convoitises, et très souvent l'Abbé n'est plus un moine de la communauté, élu par ses frères et partageant leur vie, mais un personnage, clerc ou laïc, à qui le monastère est attribué en commende et qui se soucie surtout d'en toucher les revenus. Il est difficile, dans ces conditions, de demander aux moines une vie austère et laborieuse. À l'exemple de celui qui porte le titre d'Abbé, beaucoup de moines cherchent à tirer profit de leur situation et se soucient peu de la vie de leur communauté. Lorsque viendra la Révolution, bien des moines feront preuve de courage et quelques-uns auront la chance de mourir en martyrs, mais d'autres abandonneront sans trop de regrets ce qui, non sans raison, leur semblera une survie plutôt qu'une vie véritable.

Landévennec (Finistère) - À la Révolution française, les frères sont dispersés et le monastère vendu comme bien national.

Les Bénédictins aujourd'hui

Les Bénédictins dans le monde

Combien sont aujourd'hui les Bénédictins dans le monde ? Il est facile, et fort instructif, de présenter un tableau montrant le nombre des moines bénédictins dans le monde de 1880 à nos jours. C'est facile, parce que depuis 1880 un catalogue est publié tous les cinq ans, qui donne la liste et le nom de tous les monastères et de tous les moines, avec de précieux tableaux récapitulatifs. Et c'est fort instructif, car on découvre non sans surprise le petit nombre des moines en 1880, à la suite de la fermeture ou de la disparition de beaucoup de monastères en France, en Italie, en Allemagne ou en Autriche ; et l'on constate la rapide progression du nombre des moines jusqu'au sommet de 1965, puis une diminution régulière dont on essaiera de comprendre les causes.

Année	Monastères	Moines
1880	107	2 700
1900	130	5 000
1920	160	7 040
1930	190	9 070
1950	200	10 500
1965	225	12 000
1970	244	11 000
1975	271	10 300
1980	283	9 600
1990	301	9 100
2000	309	8 400
2010	323	7 300

Si le nombre des moines a connu une croissance remarquable de 1880 à 1920, c'est qu'en certains pays la législation a permis la réouverture de maisons et le retour des moines dans leurs cloîtres, tandis que, de façon paradoxale, en France, les lois antireligieuses obligeaient des communautés à partir en exil dans des pays voisins, où elles fondaient ou restauraient des monastères qui continueraient à vivre après que les moines aient pu revenir dans l'hexagone.

L'augmentation du nombre des monastères après 1965, alors que le nombre des moines diminue, est due pour une part au fait qu'après le concile de Vatican II des moines ont voulu mener une vie plus simple et ont donc ouvert de petits prieurés aux effectifs réduits ; d'autre part, se sont multipliées les fondations en Afrique et en Amérique du Sud. Quant à la lente mais constante diminution du nombre des moines depuis 1970, elle est liée au contexte général de diminution des vocations religieuses aussi bien que sacerdotales, mais s'explique aussi de façon positive par la naissance et l'essor de communautés nouvelles, plus ou moins charismatiques, qui attirent la générosité de beaucoup de jeunes.

Deux initiatives importantes marquent la vie de l'Ordre bénédictin dans la période contemporaine. Depuis longtemps, les monastères vivaient dans une totale indépendance ou, plus souvent, étaient groupés en congrégations, à caractère national ou international. À la fin du XIXe siècle, plusieurs Abbés comprirent l'intérêt que présenterait une organisation qui, tout en

Las Condes (Chili) - Prière au monastère. © Jacques Côté OSB.

Rome (Italie) - L'église du Collège Saint-Anselme. © Jacques Côté OSB.

respectant l'autonomie des monastères et des congrégations, permettrait davantage d'échanges et de liens : créer à Rome un collège international où de jeunes moines de tous pays viendraient étudier la philosophie et la théologie, mais aussi faire connaissance les uns avec les autres, semblait la meilleure solution. Aussi bien, un tel collège, situé à Rome et placé sous le patronage de saint Anselme, avait déjà existé pour les jeunes moines italiens, mais il avait fermé en 1837 à cause d'une épidémie de choléra, et n'avait pas rouvert depuis.

L'idée de reprendre ce collège dans une perspective beaucoup plus large, de l'ouvrir à de jeunes moines du monde entier, et d'en faire un centre pour l'Ordre séduisit le pape Léon XIII. Il procéda en deux temps : en 1887, il décida la construction d'un nouveau collège Saint-Anselme sur la colline de l'Aventin, et contribua largement à son financement ; puis, en 1893, il convoqua à Rome les Abbés bénédictins du monde entier et leur fit part de son désir de réunir les quatorze congrégations alors existantes dans une confédération, que présiderait un Abbé Primat résidant à Rome, dans ce nouveau collège : ses fonctions restaient mal définies, mais il constituait un interlocuteur pour le Saint-Siège. Par la suite, les Abbés de l'Ordre se réuniraient en congrès tous les quatre ans, et il leur appartiendrait d'élire l'Abbé Primat. Comme on pouvait le prévoir, les décisions du pape furent très bien accueillies par certains Abbés, tandis que d'autres se montraient peu enthousiastes, craignant que l'Abbé Primat ne devienne une sorte de Supérieur général visant à une centralisation de l'Ordre, un Ordre auquel on donnait d'ailleurs le titre officiel et prudent de Confédération des familles bénédictines. En fait, assez

Conakry (Guinée) - Monastère Saint-Joseph de Segueya. © Les Films du Large.

Dzogbegan (Togo) - Les moines devant l'abbatiale. © Jacques Côté OSB.

rapidement, l'Abbé Primat trouva sa juste place, et le Collège Saint-Anselme, où affluèrent des professeurs de qualité et des étudiants doués, devint un centre d'études renommé : un bon nombre d'étudiants, en ce temps-là comme aujourd'hui, devenaient par la suite Abbés de leurs monastères, en gardant des liens d'amitié avec leurs anciens condisciples. Et le fait de se retrouver tous les quatre ans pour le Congrès des Abbés contribuait à une mutuelle connaissance et à une collaboration qui respectait la liberté de chaque monastère ou congrégation.

Une seconde initiative importante est due au pape Pie XII. En 1957, il publie l'encyclique *Fidei donum*, qui appelle les diocèses et les Ordres religieux à s'engager davantage dans l'activité missionnaire de l'Église dans les continents peu évangélisés.

Plusieurs monastères, particulièrement en France, décident de répondre à cet appel, et entreprennent avec courage des fondations, surtout dans des pays africains francophones : ainsi sont créés les monastères de Bouaké en Côte d'Ivoire en 1960, de Dzogbegan au Togo en 1961, de Koubri au

Burkina-Faso en 1963, de Keur-Moussa au Sénégal en 1963 également, de Morne Saint-Benoît en Haïti en 1981. Sans attendre l'appel de Pie XII, l'abbaye de La Pierre-qui-Vire avait fondé dès 1940 au Vietnam le monastère de Thien An, qui ne prendrait son essor que vers 1960 ; il compte aujourd'hui 80 moines, et a donné naissance à trois autres monastères dans le pays. Ces maisons africaines ou vietnamiennes ont demandé aux fondateurs beaucoup de patience et de persévérance, mais aujourd'hui elles sont bien enracinées et elles ont su s'affranchir d'un modèle trop européen pour s'accorder pleinement à la culture locale.

Pour aider ces nouveaux monastères, a été créé en 1961 un organisme appelé A.I.M. (Aide à l'Implantation de Monastères, devenu en 1997 Alliance Inter-Monastères) qui a son siège chez les Bénédictines de Vanves, près de Paris, et qui a aidé et continue d'aider ces fondations au plan économique, technique, pédagogique.

Montserrat (Espagne) - Le chevet de l'abbatiale.

Venise (Italie) - L'église et le campanile du monastère bénédictin San Giorgio Maggiore.

Les pays où les Bénédictins sont le plus nombreux sont les États-Unis (1300 environ), avec deux abbayes comptant chacune 140 moines, l'Allemagne (835), la France (610), l'Autriche (330), la Grande-Bretagne (230), la Suisse (200). En Tanzanie, trois abbayes fondées par le monastère bavarois et missionnaire de St. Ottilien totalisent 260 moines, tandis qu'en Corée le seul monastère de Waegwan en compte 135, et au Vietnam quatre monastères issus de La Pierre-qui-Vire en rassemblent 215 aujourd'hui (contre 114 en 2000). L'essor du monachisme bénédictin dans ces pays d'Afrique et d'Asie ouvre un avenir qu'il est difficile d'imaginer.

Dans tous ces monastères, si la célébration de la liturgie tient une place importante, les activités sont très variées. Aux États-Unis, mais aussi en Allemagne, en Autriche, en Angleterre, en Belgique ou au Brésil, beaucoup d'abbayes possèdent une école, ou plusieurs écoles, qui sont très réputées ; un monastère américain comporte même une Académie militaire ! En Autriche, en vertu d'accords anciens, un bon nombre de moines sont curés de paroisses : ils résident habituellement dans leurs presbytères, et se retrouvent à l'abbaye un jour par semaine. En Bavière, plusieurs monastères ont une importante activité éditoriale : on connaît les petits livres, nombreux et toniques, du P. Anselme Grün, publiés par son monastère de Münsterschwarzach avant d'être traduits dans toutes les langues. En outre, en divers pays, des sanctuaires importants, accueillant de nombreux pèlerins, dépendent d'abbayes et demandent le ministère des moines : ainsi Saint-Paul-hors-les-murs à Rome, Montevergine en Campanie, Montserrat en Catalogne, Einsiedeln en Suisse.

Il faut encore rappeler le rôle décisif qu'ont joué les Bénédictins, surtout en France, en Belgique et en Allemagne, dans le renouveau de la liturgie au XXe siècle et spécialement au concile de Vatican II. Enfin, les moines de nombreux pays ont participé au dialogue œcuménique, avec des chrétiens d'autres confessions, puis au dialogue interreligieux, avec des représentants et notamment des moines d'autres religions, surtout asiatiques : ils se trouvent beaucoup de points communs, et séjournent volontiers

À droite : **Solesmes (Sarthe) -** Les bâtiments de l'abbaye. © Gérard Landron.

Solesmes (Sarthe) - Messe de la nuit pascale à l'abbaye. © Gérard Landron.

Solesmes (Sarthe) - Le jardin à la française de l'abbaye. © Gérard Landron.

les uns chez les autres, les Européens allant en Inde, au Tibet ou au Japon, et réciproquement. Il y a là une fonction importante des moines dans la quête spirituelle du monde contemporain.

Les Bénédictins en France

La Révolution française avait supprimé tous les Ordre religieux, considérés comme inutiles ou dangereux. Beaucoup de monastères, devenus biens nationaux, sont vendus à des particuliers, qui en prennent soin ou les détruisent, en en faisant des carrières de pierres. Mais le monachisme bénédictin ne tarde pas à revivre. En 1832, un prêtre du diocèse du Mans, l'abbé Prosper Guéranger (1805-1875), rachète le monastère de Solesmes, dans la Sarthe, et l'année suivante il y entre avec six compagnons qui ont, comme lui, le projet de mener une vie inspirée de la Règle de saint Benoît. Dès 1837, après un voyage de Guéranger à Rome, Solesmes est élevé au rang d'abbaye. Ces nouveaux Bénédictins sont des intellectuels et des érudits. Guéranger se passionne pour la tradition liturgique, et se bat inlassablement pour ramener les diocèses de France à la liturgie romaine. En 1841, il publie le premier volume de *L'année liturgique*, qui connaît une très large diffusion et fait découvrir la liturgie à de nombreux chrétiens. Assez vite, les moines sont assez nombreux pour relever d'anciens monastères : en 1853 ils restaurent l'abbaye de Ligugé, le plus ancien monastère d'Occident, fondé par saint Martin vers 360 ; en 1865, ils ouvrent à Marseille une abbaye, qui par la suite sera transférée à Hautecombe et en 1992 à Ganagobie dans les Alpes de Haute-Provence ; en 1889, ils ouvrent un monastère à Wisques, près de Saint-Omer, et en 1893, le monastère de la Source à Paris ; en 1894, ils reprennent l'abbaye de Saint-Wandrille en Normandie, fondée en 649, et en 1897 ils créent Kergonan, non loin de Quiberon.

En 1880 et à nouveau en1901, des lois antireligieuses obligent les moines à quitter la France et à trouver refuge dans des pays

Ligugé (Vienne) - Messe à l'abbaye. © Marc Taillebois.

proches : Angleterre, Hollande, Luxembourg, Italie, Espagne, où ils ouvrent des maisons qu'ils estiment provisoires, mais qui prennent racine et demeureront lorsque, à partir de 1920, les moines pourront rentrer en France et rendre vie à leurs monastères d'origine. La persécution aura eu pour effet la création de monastères qui ont connu des périodes de grand rayonnement, tels que Clervaux au Luxembourg ou Silos en Espagne.

En 1948, Solesmes envoie un groupe de moines restaurer l'ancienne abbaye de Fontgombault, fondée en 1091 et qui depuis 1919 hébergeait un séminaire de vocations tardives. De là naîtront les monastères de Randol, Triors et Donezan, d'orientation traditionnaliste. En 1998, à la demande de jeunes Lituaniens, Solesmes aura le courage de fonder un prieuré dédié à saint Benoît à Palendriai, en Lituanie.

En juillet 1850, moins de vingt ans après que Prosper Guéranger ait restauré la vie bénédictine à Solesmes, un autre prêtre, Jean-Baptiste Muard (1809-1854), du diocèse de Sens, restaure lui aussi la vie bénédictine. Il a découvert la Règle de saint Benoît lors d'un long séjour à Subiaco, il y a trouvé l'idéal dont il rêvait, et maintenant il ouvre un monastère en pleine forêt du Morvan, au lieu dit La Pierre-qui-

Palendriai (Lituanie) - © Palendriai 2002.

Saint-Benoît-sur-Loire (Loiret) - La châsse des reliques de saint Benoît.

Vire. Les candidats sont nombreux, et des fondations sont réalisées : en 1865, les moines arrivent au prestigieux monastère de Saint-Benoît sur Loire, fondé vers 630, où les reliques de saint Benoît auraient été apportées du Mont-Cassin quelques décennies plus tard ; en 1875 ils ouvrent, à la demande de prêtres basques, le prieuré de Belloc au diocèse de Bayonne, puis en 1878 le monastère breton de Kerbénéat, qui en 1958 sera transféré dans le site magnifique de Landévennec ; en 1890, c'est le tour d'En-Calcat au diocèse d'Albi, qui en 1934 fonde Tournay près de Lourdes.

En raison des liens du Père Muard avec Subiaco, tous ces monastères constituent la province française de la congrégation de Subiaco, tandis que les monastères issus de Solesmes forment la congrégation de Solesmes, appelée aussi congrégation de France, héritière de Cluny.

La congrégation des Olivétains, qui compte de nombreux monastères en Italie, en possède deux en France. L'abbaye du Bec-Hellouin en Normandie, devenue un haras

Landévennec (Finistère) - Célébration de l'office. © abbaye de Landévennec.

après la Révolution, a été rendue aux moines en 1948 et a eu la chance d'avoir pendant près de quarante ans, de 1948 à 1986, en la personne de Dom Paul Grammont, un Abbé vigoureux qui a noué de nombreux liens avec l'Église anglicane, en souvenir de saint Anselme, moine du Bec devenu archevêque de Cantorbéry (1033-1109), et a relevé le très ancien monastère d'Abu Gosh en Israël. L'abbaye de Maylis, dans les Landes, fondée elle aussi en 1948, est également florissante.

Quant au très ancien et très beau monastère de Cuixà, dans les Pyrénées-Orientales, il a été heureusement relevé en 1965 par des moines venus de Montserrat.

On doit encore mentionner l'abbaye du Barroux, dans le Vaucluse, fondée en 1970, qui relève directement du Vatican.

La vie des moines : prière et travail

Dans tous ces monastères, la célébration de la liturgie tient la première place, tout en admettant une assez grande diversité. La Pierre-qui-Vire a conservé un office nocturne à 2 heures du matin, après lequel les moines retournent dormir. Dans les autres maisons, le premier office a lieu vers 5 ou 6 heures ; la messe concélébrée suit les laudes matinales ou a lieu en fin de matinée ; quelques monastères ont conservé une messe plus ou moins solennelle à 10 heures du matin, option qui n'est guère favorable à un travail continu, qu'il soit intellectuel ou manuel, et estompe la différence entre le dimanche et les jours de semaine. De même, certaines abbayes ont conservé les trois offices de tierce, sexte et none, tandis que d'autres, à la suite de Vatican II, n'ont gardé qu'un temps de prière – appelé heure médiane – avant le repas de midi. Dans tous les monastères, on chante les vêpres en fin d'après-midi et les complies en fin de journée.

Du matin au soir, les moines sont très attentifs au déroulement du temps, au jour qui naît de la nuit, à la présence et à l'action de Dieu qui ne cesse de créer la lumière, à la présence et à l'action du Christ qui se présente lui-même comme la lumière du monde, à la présence intime de l'Esprit qui nous permet

Landévennec (Finistère) - Célébration de la messe. © abbaye de Landévennec.

Solesmes (Sarthe) - Les moines dans les stalles. © Gérard Landron.

de traverser les temps. Peu d'hommes ont, comme les moines, l'occasion de parler chaque jour d'une entreprise engagée « pour les siècles des siècles ». Du matin au soir, les moines assurent cette prière qui fait monter vers le Dieu Créateur la louange de l'univers, qui assure la respiration de l'Église et intercède pour tous les besoins des hommes.

En dehors de la liturgie, quelle est l'activité des Bénédictins ? Si les monastères issus de Solesmes n'ont jamais comporté d'écoles, ceux de La Pierre-qui-Vire, d'En-Calcat, de Tournay ou de Belloc ont tenu, dans les années 1935-1960, des collèges réputés où, disait-on, il fallait inscrire les élèves dès avant leur naissance pour être sûr d'y trouver une place. Avec ou sans collège, les Bénédictins de France ont une activité intellectuelle digne de leur tradition. Certains d'entre eux ont enseigné ou enseignent toujours au collège Saint-Anselme à Rome ou à l'Institut Catholique de Paris. Ils publient des livres ou collaborent à des encyclopédies et à de nombreuses revues. On peut citer les douze volumes des *Vies des saints* publiés de 1935 à 1956 par les moines de Paris, la collaboration de nombreux moines érudits à la collection des *Sources chrétiennes*, la publication par le P. Jean Leclercq des *œuvres* de saint Bernard et par le P. Adalbert de Vogüé d'une *Histoire littéraire du mouvement monastique dans l'antiquité* en douze volumes, parus de 1991 à 2008.

S'ils ont apporté leur contribution à la connaissance de l'histoire, les Bénédictins ont œuvré également dans le domaine de l'art. Dès ses débuts, Solesmes a fait revivre le chant grégorien, et depuis 1930 a édité de nombreux disques et aujourd'hui des CD de haute qualité. En 1930, entre à En-Calcat un artiste exceptionnellement doué, Guy de Chaunac-Lanzac (1907-1997), qui sous le nom de Dom Robert exécute des dessins, des aquarelles et des cartons qui donnent naissance à des tapisseries, réalisées aux ateliers d'Aubusson : elles représentent un monde paradisiaque de végétaux et d'animaux plus ou moins fantastiques, avec une prédilection pour les papillons, les oiseaux et les chevaux, et culminant avec « la création de l'homme ». Un Musée Dom Robert, regroupant plus de cinquante de ces tapisseries, ouvrira à Sorèze en 2014.

Dans un autre domaine, à partir de 1952, La Pierre-qui-Vire publie les innombrables volumes de la collection *Zodiaque*, qui présentent les églises romanes des provinces de France, puis des pays d'Europe, et ont un succès remarquable et tout à fait justifié. Pendant plusieurs années, Ligugé a fabriqué des

Arts sacrés n°16, mars-avril 2012, Éditions Faton, Dijon.

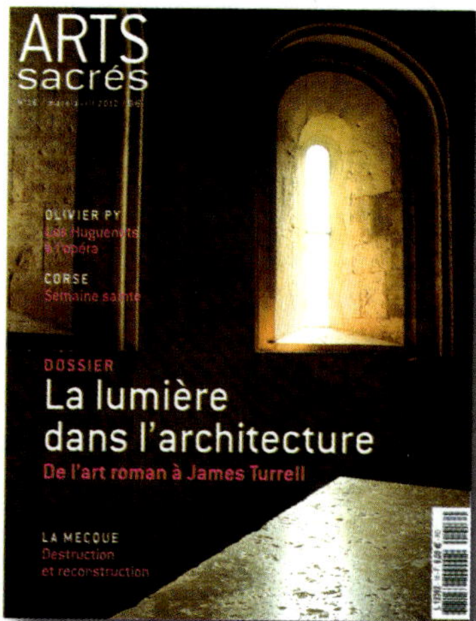

Landévennec (Finistère) - Les fameuses pâtes de fruits de l'abbaye. La marque « MONASTIC »® authentifie les produits élaborés exclusivement par des moines ou moniales.

émaux reproduisant des tableaux de peintres contemporains. En 2009, un moine de Ganagobie, ancien architecte, est venu à Paris pour lancer la revue *Arts sacrés*, qui paraît tous les deux mois et, avec des collaborateurs de haut niveau, présente les réalisations artistiques dans les différentes religions : le succès a été immédiat. Il est heureux que de telles publications inspirées et dirigées par des moines donnent à de nombreux lecteurs le désir et le moyen d'entrer dans un monde de contemplation et de beauté.

À un niveau plus modeste, les monastères fabriquent des objets, religieux ou non, tels que icônes, céramiques, poteries, images, et aussi des produits d'alimentation et des liqueurs qu'ils vendent à leur porterie ou dans des magasins, et qui assurent leur subsistance quotidienne. Presque tous proposent aussi un vaste choix de livres dans leur librairie, qui est parfois la plus importante librairie religieuse du diocèse.

Mais ce n'est pas dans les monastères que l'on peut acquérir la fameuse liqueur connue sous le nom de Bénédictine, dont il convient pourtant de dire l'origine. Vers 1510, un moine de l'abbaye bénédictine de Fécamp, en Normandie, compose un élixir en mélangeant plantes de la région et épices orientales. Jusqu'à la Révolution, les moines fabriquent et diffusent leur liqueur. À la Révolution, les moines sont dispersés, et la recette de l'élixir est perdue. Elle est retrouvée en 1863 par un certain Alexandre Le Grand, qui reprend la fabrication et la commercialisation de la liqueur. Un accord conclu au début du XXe siècle avec l'Abbé Primat lui permet de garder le nom de Bénédictine, quitte à verser quelques redevances et à offrir chaque année quelques bouteilles au Primat, qui en fait bénéficier ses hôtes.

Mais, heureusement, ce ne sont pas seulement des bougies ou des pâtes de fruits, ni même des livres, que les abbayes bénédictines proposent à leurs visiteurs. À ceux qui viennent pour quelques heures ou quelques jours, elles offrent un monde de silence, de paix et de prière. Les hôtes qui pénètrent dans un monastère ont très vite le sentiment que celui-ci est habité par une présence, présence qui n'est pas seulement celle des moines, mais celle de Dieu lui-même. Sans même attendre la célébration du prochain office, le visiteur perçoit que le maître de maison n'est autre que le Dieu caché, dont la présence s'impose ici plus qu'ailleurs. Du paysage environnant – le monastère étant généralement situé dans un beau cadre – mais aussi de l'harmonie des bâtiments et du précieux silence qui enveloppe toute activité, émane une atmosphère de paix et de sérénité qui invite à l'intériorité, au recueillement et à la louange. Peut-être un tel cadre est-il le cadeau le plus précieux et le plus rare que les moines ont le devoir et la mission d'offrir aux hommes de notre temps.

Saint-Guilhem-le-Désert (Hérault) - Prière dans une chapelle de l'abbatiale.

Les Bénédictines

Presque tous les ordres religieux ont une origine masculine, mais comportent une branche féminine. C'est le cas de l'Ordre bénédictin. Dans les derniers chapitres de ses *Dialogues*, où il raconte la vie et les miracles de Benoît, le pape Grégoire le Grand met en scène la sœur de celui-ci, qui porte le nom prédestiné de Scolastique et se met en effet à l'écoute et à l'école de son frère. Rien ne permet de dire qu'elle ait appartenu à une communauté monastique, mais elle n'en a pas moins été considérée comme la première des Bénédictines.

En fait, des monastères féminins existent à Rome dès le milieu du IVe siècle, situés le plus souvent près d'églises dédiées à des martyrs. Ces premières moniales viennent de milieux aisés : ce sont des jeunes filles qui, avec l'indispensable accord de leur parents, ont voulu consacrer à Dieu leur virginité et toute leur vie, ou des veuves qui ne veulent pas rester oisives. Dans ces maisons, on vit sous l'autorité d'une ancienne, sans suivre une règle déterminée. Bien d'autres villes d'Italie possèdent de tels monastères : Milan, Bologne, Florence, etc.

En Gaule, saint Martin, qui fonde Ligugé vers 360, ne crée pas, mais développe un monachisme féminin déjà existant, surtout en Touraine et en Normandie. De son côté, Jean Cassien fonde à Marseille vers 418 un monastère de moniales, dédié au Saint-Sauveur, qui sera occupé plus tard par des Bénédictines, et subsistera jusqu'à la Révolution. À Lérins également on trouve une communauté de moniales, et vers 534 saint Césaire, moine de Lérins devenu évêque d'Arles, rédige une *Règle des vierges* qui est parvenue jusqu'à nous.

De nombreux monastères féminins existent donc en Italie, en Gaule et en d'autres pays, lorsque au VIIe siècle commence à se répandre la Règle de saint Benoît. Parmi les premières maisons à l'adopter, qui sont donc les premiers monastères de Bénédictines en Gaule, on trouve Faremoutiers, fondé en 620 par sainte Fare au

Eustache Le Sueur (d'après) - **Apparition de sainte Scolastique à saint Benoît**, lithographie. coll. part.

diocèse de Meaux, qui en 2000 comptait une douzaine de moniales, et l'abbaye de Jouarre, fondée vers 635, elle aussi au diocèse de Meaux, qui en 2000 comptait près de soixante moniales. Par la suite, les monastères de Bénédictines se multiplient dans toute l'Europe occidentale. Bien sûr, ces moniales donnent la première place à la célébration de l'office divin, mais elles ont aussi, à l'intérieur de la clôture, des écoles ou plutôt des pensionnats pour les filles de familles nobles, pour lesquelles il n'existe pas d'autre type d'écoles. Certaines maisons vivent dans une grande indépendance, avec pourtant l'obligation d'avoir deux ou trois prêtres à leur disposition pour la célébration de la messe et du sacrement de pardon ; souvent l'évêque exerce une certaine juridiction sur les communautés de

Saint-Benoît-sur-Loire (Loiret) - Le portail des fidèles : le transport de la châsse de sainte Scolastique.

Jouarre (Seine-et-Marne) - Crypte, le tombeau d'Agilbert (VIIe s.).

son diocèse, ou bien celles-ci se rattachent à un monastère masculin.

Sans entrer dans l'histoire vaste et complexe des maisons et des congrégations de Bénédictines au long des siècles, nous indiquerons ici leur situation en France en l'an 2000. Elles comptent une quarantaine de monastères, regroupés en douze congrégations ou fédérations, plus ou moins nombreuses, plus ou moins florissantes. Deux congrégations datent du XVIIe siècle : les moniales de Notre-Dame du Calvaire, fondées en 1619, ont des maisons à Angers, Bouzy-la-Forêt, Kerbénéat et Prailles ; celles de l'Adoration perpétuelle du Saint-Sacrement, fondées en 1653 par Mère Mechtilde de Bar, ont des maisons en plusieurs pays d'Europe, et d'abord en France, notamment à Bayeux, Caen, Craon, Le Mas-Grenier et Rouen.

À la fin du XIXe siècle et au début du XXe se constituent d'autres groupements, plus ou moins liés à des congrégations masculines. Citons les Servantes des pauvres, fondées en 1872 par dom Camille Leduc, moine de Solesmes ; trois

Jouarre (Seine-et-Marne) - La crypte Saint-Paul.

monastères de moniales, à Solesmes, Wisques et Kergonan, font partie de la Congrégation de Solesmes. À la province française de la Congrégation de Subiaco, et donc à la Pierre-qui-Vire, se rattachent deux groupes florissants : d'une part les monastères de Dourgne, Urt au Pays basque, Valognes et Vénière, d'autre part les monastères de Jouarre, Maumont, Pradines, Chantelle, Belmont et Sainte-Croix de Poitiers.

Signalons également la Congrégation des Sœurs de Sainte-Bathilde, née en 1921, qui compte aujourd'hui trois monastères en France : Vanves près de Paris (qui accueille de jeunes sœurs de différents continents venant étudier à Paris), Martigné-Briand en Anjou et Saint-Thierry dans la Marne, et qui a fondé des maisons au Bénin, à Madagascar et au Vietnam. Depuis 1985, ce groupe plein de vie est affilié à la Congrégation de Subiaco. Enfin, à côté de l'abbaye du Bec, se trouvent depuis 1948 les moniales de Sainte-Françoise Romaine, qui le dimanche viennent chanter la messe avec les moines.

Quelques monastères, ayant souvent une longue et riche histoire, ont conservé leur indépendance : ainsi Faremoutiers, fondé en 620, qui

Jouarre (Seine-et-Marne) - Le cloître de l'abbaye. © Abbaye de Jouarre.

Vanves (Haut-de-Seine) - La communauté et les étudiantes. © Bénédictines de Vanves.

survit avec courage ; Argentan dans l'Orne, fondé vers 680 ; Limon près de Paris, qui a hérité de la fameuse abbaye Saint-Louis du Temple ; plus récemment Jouques, au diocèse d'Aix-en-Provence, créé en 1968, sous le nom significatif de Notre-Dame de Fidélité.

En élargissant notre horizon, et en utilisant un Catalogue publié en 2000, donnons une idée du nombre des Bénédictines à travers le monde. À cette date, elles étaient environ 16.600, réparties en soixante-deux congrégations, auxquelles s'ajoutaient soixante-dix monastères indépendants. Les congrégations les plus nombreuses étaient : les sœurs missionnaires de Tützing (1470 membres), d'origine allemande, nombreuses en Afrique, en Corée et au Brésil ; les sœurs bénédictines de la Fédération de sainte Scolastique (1120), américaines, presque toutes aux États-Unis, avec deux maisons au Mexique ; les sœurs de la Fédération de sainte Gertrude (1090), américaines elles aussi, avec quelques maisons en Amérique centrale ; les sœurs de la Fédération de saint Benoît (920), américaines, avec des fondations au Japon ; les moniales de l'Adoration perpétuelle du Saint-Sacrement (900), réparties en fédérations nationales ou régionales qui se sont groupées entre 1950 et 1980. D'autres congrégations, à l'avenir incertain, comptaient moins de cinquante membres.

Deux observations s'imposent. À l'exception des sœurs de Tützing, nées en Allemagne mais présentes dans le monde entier, les groupes les plus nombreux se trouvent aux États-Unis ; en Europe, le nombre des

Loc Nam (Vietnam) - Sœurs bénédictines de la Congrégation de Sainte-Bathilde.

© Les Films du Large.

Thu Duc (Vietnam) - Fondation de Vanves, sœurs au travail. © AIM.

Bénédictines reste modeste. Il faut aussi noter la différence entre les sœurs bénédictines et les moniales bénédictines. Ces dernières sont caractérisées par un habit qui les identifie immédiatement, par une clôture qui par la force de chose tend à s'assouplir, et habituellement par la stabilité dans leur monastère. Les sœurs, qui portent un habit adapté aux conditions du pays, ont le plus souvent des activités éducatives, caritatives ou missionnaires : elles représentent une forme relativement neuve de vie monastique.

Si, en Europe surtout, certains monastères vivent d'un glorieux héritage qu'ils adaptent de leur mieux aux conditions actuelles, on voit en d'autres parties du monde des communautés qui n'hésitent pas à se lancer avec courage et réalisme dans l'innovation et la création. On peut en donner deux exemples.

Dans le nord du Brésil, au cours des vingt-cinq dernières années, trois fondations ont été réalisées dans la région peu hospitalière de l'Amazonie. En 1989, des moniales de Curitiba, près de Sao Paulo, fondent en pleine forêt, non loin du fleuve Amazone, un monastère auquel elles donnent le nom de Agua Viva (Eau Vive) ; il ne s'agit pas d'un grand bâtiment, mais de pavillons réunis par des passages qui protègent de la pluie souvent diluvienne, avec la possibilité d'accueillir des groupes de trente personnes. En 1993, ce sont les moniales de Juiz de Fora, près de Rio, qui fondent à Rio Branco : ici, la forêt a été détruite, et les Sœurs se contentent d'une petite basse-cour en attendant de

Jouarre (Seine-et-Marne) - Sœur Marie-Bernard travaille aux ateliers de céramique. © Abbaye de Jouarre.

remettre quelques hectares en culture, pour avoir des fruits et des plantes médicinales qu'elles pourront vendre ; elles ont beaucoup de contacts avec la population, et n'ont pas hésité à créer une école de danse, pour donner une qualification et une fierté à des filles de familles pauvres qui ne savaient que faire. Enfin, en 1997, sept Bénédictines du monastère de Petropolis sont venues, à la demande de l'évêque, s'établir dans la ville de Guajara-Mirim, à la frontière de la Bolivie : en 2004, il y avait déjà cinq novices et quatre postulantes, ce qui donnait une communauté jeune et joyeuse. Mais plusieurs des fondatrices ont demandé à revenir à Petropolis, car il est difficile de s'adapter au climat pour des personnes qui ne sont pas nées dans la région[1].

Salvador de Bahia (Brésil) - Sœur bénédictine à la cuisine. © Les Films du Large.

À l'autre bout du monde, on doit signaler l'essor extraordinaire des Bénédictines en Corée du Sud. En 1925, les sœurs de Tützing fondaient un petit monastère à Taegu : en 1996, il comptait 245 sœurs, dont 23 novices et 19 postulantes, et en 2005 en était arrivé à un total de 335 sœurs, dont 44 novices et 14 postulantes. De tels chiffres font rêver, mais il faut ajouter aussitôt qu'une communauté si nombreuse n'est pas réunie dans une grande caserne, mais répartie dans une

1. Informations données par le P. Jacques Côté après un séjour dans ces trois monastères.

vingtaine de petits prieurés à taille humaine et capables d'avoir de vrais contacts avec la population environnante. Quant au monastère de Séoul, la capitale du pays, il compte 133 sœurs. On demeure impressionné par une telle vitalité.

Depuis 1968, les moniales et les sœurs bénédictines ont commencé un processus pour établir des liens plus étroits avec les Bénédictins ; quelques représentantes ont été invitées à assister au congrès des abbés qui se tient tous les quatre ans à Rome, des commissions ont été formées, des colloques ont eu lieu ; enfin, en 2004, une Commission internationale des Bénédictines a été créée. L'avenir montrera à quoi il est possible et souhaitable d'aboutir, compte tenu du recrutement des moniales et des sœurs, ainsi que des nouveaux moyens de communication et du travail à distance.

Salvador de Bahia (Brésil) - Moment de détente pour les sœurs. © Les Films du Large.

Et demain ?

En conclusion et en connaissance de cause, il est normal et légitime de s'interroger sur l'avenir du monachisme bénédictin. Il est exceptionnel et rassurant d'appartenir à une institution ou un Ordre qui a traversé quinze siècles, avec des périodes de grande extension et des périodes de repli. Aujourd'hui, les monastères bénédictins d'Europe, masculins ou féminins, voient leurs effectifs plutôt baisser, tandis qu'en Asie ou en Afrique les candidats affluent. Faut-il s'attendre à une « délocalisation » vers de nouveaux mondes, pour le monachisme comme d'ailleurs pour l'Église entière ?

Et pourtant, au cours de ces dernières décennies, sont nées dans la vieille Europe des communautés monastiques qui connaissent un succès et un rayonnement qui font rêver. Taizé, fondé en 1940 par le frère Roger qui pendant plusieurs années reste seul, comme Benoît dans sa solitude, compte aujourd'hui

Landévennec (Finistère) - L'abbaye a été construite entre 1958 et 1965, en pierre de taille de Logona sur les plans de l'architecte Yves Michel.

quelque 70 frères, plus une trentaine dans de petites fondations, et attire pendant l'été des dizaines de milliers de jeunes.

Le monastère de Bose près de Turin, fondé en 1965 par Enzo Bianchi, qui lui aussi reste seul pendant plusieurs années, rassemble aujourd'hui 80 membres : 45 frères, dont seulement quelques prêtres, et 35 sœurs ; ils ont trois offices quotidiens, la messe deux fois par semaine, huit heures de travail par jour, et un large temps d'études bibliques. Le moine bénédictin qui séjourne chez eux a le sentiment de retrouver le monde de saint Benoît.

Troisième fondation récente : les Fraternités monastiques de Jérusalem, fondées à Paris en 1975 par le frère Pierre-Marie Delfieux, vivent

« au cœur des villes au cœur de Dieu », alliant à une vie de silence et de prière liturgique un travail à mi-temps en milieu urbain. Nées à l'église Saint-Gervais à Paris, elles sont présentes notamment à Strasbourg et à Bruxelles, et ont pu reprendre des églises riches d'une longue tradition, comme la Badia à Florence ou la Trinité-des-Monts à Rome, et même d'anciens sites bénédictins prestigieux tels que le Mont-Saint-Michel ou Vézelay. Elles veulent, disent-elles, « creuser dans le désert des villes ou du monde d'aujourd'hui, des oasis de prière, de beauté et de paix ». N'est-ce pas l'idéal bénédictin ?

Bose (Italie) - La prière des frères et des sœurs. © Monastère de Bose.

Table des matières

IMPRIM'VERT®